JN436456

시월의 국경

갓 구운 오색 언어들

성남시 문화발전 기금 일부를 지원받아 출판

이종호 시집

시월의 국경

도서출판
예맥

시인의 말

찔러도
피 한 방울 나오지 않을 바위에
단풍잎 하나 떨어졌다

애끓는 가을 편지가 되어
마른잎의 끝으로 몸을 찔렀다
바위가 꿈틀댄다

단단한 돌의 침묵을 깨워
가을 바람의 감성으로 흔들고 싶다

지상의 투박한 마음도
별이 송신한 시의 언어로
모두 흔들고 싶다

저를 아껴주신 분들께 감사드리며
갓 구운 오색 언어를 드립니다

이종호

| 차례 |

제2부

제3부

서정의 사색

제 1 부

봄의 경로

빙(氷)의 내부에서
저속으로 녹고 있는 연두 물소리

냉기가 엉켜 있던 물가에 겨울이 갈라지고
그 틈으로 봄의 활자들이 솟아난다
땅을 열고 나온 단어 하나가
뿌리를 쥐고 밤새 울더니
제 키를 한 뼘 더 키우고 아침 풍경을 갈아 끼운다

해가 빚은 꽃그늘이 마당에 자욱하다

허공의 곳간에 곤충들이 날아들어
공중에 쳐놓은 거미줄에 울음이 파닥인다
적막하던 지상의 호흡들이 소란하다
어느새 물이 번식되어
지구 귀퉁이에 청둥오리의 활주로가 생겼다

계절의 관제사 지시에 따라
봄이 여름으로 이륙한다

도시의 유목

봄의 하중을 견디지 못하고
동면하던 물의 유목이 꿈틀댄다

추위가 가득 엉켜 있던 물가에
봄이 오는 방향으로 겨울이 균열되고
얼음의 내부에서 졸졸 풀리는 초록 물소리에
단단하게 묶였던 겨울 매듭이 풀리고 있다

빗방울이 가지런히 떨어져 강둑에 담겨 흐르고

찰랑거리며 빗소리를 품고 있는 물의 유랑에
나비와 야생화가 강가에 찾아와 함께 유목하고 있다
물가에서 핀 풀 향기가 달려와
온기를 겨울 도시에 내려 놓으면

고층건물이 만든 강남대로 콘크리트 제방에는
한기에 움추렸던 수많은 인파들이
거리를 우산으로 덮고 봄비에 출렁이며 흐른다

도시는 그들을 유목민이라 부른다

기원전 79년

담 모퉁이에 있던 한 줄의 문장

시간에 부서진 단어들의 해독이 모호하다
이어지지 않는 문장의 흔적이
얼굴 없는 고대 여인상의 실루엣 같다
풍화되어 허공을 떠돌던 벽면의 언어들

BC 79년 8월 24일
폼페이 최후의 날에도 그 거리에 사랑은 있었다

벽 속에 뛰는 가슴을 두고 간
한 남자의 페이지를 퍼즐처럼 맞춘다
벗겨진 문장의 감정을 지중해의 빛으로 이어본다
여자를 향하던 사내의 마음이 저런 것이었나
소실된 단어들이 다시 정렬되고
오랜 침묵을 깬 판독 내용은
영혼의 불꽃을 던진 한 남자의 애틋한 사랑 이야기였다

빗줄기 끝이 창처럼 벽면에 꽂힐 때마다
수세기 동안 사내의 영혼에 응고된 멍울을 씻어내린다

빛과 어둠의 거처

싱싱한 풍경이
어둠에 침몰하고 있다

검정이 몰려와 만개한 꽃잎을 문다
수많은 사물들이 암흑의 입으로 들어가면
우주의 오브제들이 모두 소멸된다
서로의 시선도 차단되고 당신은
내 앞에 없다

어둠의 학습 효과를 끝내고
첫 햇살이 닿아 암흑과 교차하는 천지

빛의 문이 열린다
대지가 전율하기 시작한다
우주의 질서에 따라 지상에 꽃이 피고
어둠에 갇혀 있던 언어들이 빛 앞에 정렬한다
암흑에서 당신과 내 시선이 돌아온다

어둠의 거처에서 잠적한 당신이
내 앞에 있다

빛의 제방

검은 구름이 몰려온다
먼 공중에서 빛의 댐이 무너진다

앞마당에 무리지어 머물던
분꽃의 수줍은 그림자도 무너진다

해 떠난 곳에서 구름이 잿빛에 몸을 섞는다
격렬한 비를 쏟아 내면 유리창마다 소름이 돋는다

일하던 개미들도 허둥댄다

비명의 시간이 가고 탈색된 공중이 허물을 벗는다
빛이 싱싱하게 피어나고 태양의 제방을 다시 쌓는다

바닥에는 꽃잎의 그림자가 뚜렷하고
나무의 음지가 바람에 출렁인다

개미들이 다시 정렬하여 줄지어 간다

장미의 시간

그대의 문을 열어주세요

누구도 들어간 적이 없는 곳에
피를 부르는 가시는 내밀지 말아요

한 잎 두 잎 지날 때마다
입구에서 향기가 찰랑입니다
말을 걸면 내 우울에 시들까 봐
그냥 바라만 봅니다

꽃잎이 떨어질 때까지
꽃의 시계가 돌아가지만
마지막 표정이 무너져 내리면
장미의 시간도 땅으로 스며듭니다

저녁이 건너갈 무렵
꽃잎 붉게 떨어져 더 아픈 자국을

꼭 닮아서 서러운 석양빛이 만져줍니다

깨져버린 사랑

온몸에 가슴앓이를 붓고 간 사람

우산 속에서 함께 듣던 빗소리가
깨져버린 하트 사이로 애잔하게 들려온다

그대가 궁금한 저녁
스마트 폰에서 지하철 노선을 터치한다

짜릿한 전극이 흐르는 폰의 유리판을 밀며
가슴에 일던 파문의 진원지로 떠난다

카카오 노선도를 타고 양재에서 환승하고
오래전 두근거림을 놓친 녹번역에 도착한다

몇 초 만에 달려간 유리판에서
지난 사랑을 당겨도 대답이 없다

눈시울처럼 붉어진 저녁 창으로
미련의 여진이 덜컥거리며 오고 있다

연령을 수정한다

솟아오르기 위해
나의 밤들은 모두 해뜨는 쪽으로 기운다

어제는 자욱한 별들을 버렸지만
오늘은 아침 해와 명랑한 악수를 한다
이제 슬픔은 소용이 없어 모두 허공에 붓는다
아픈 이별을 한다고 해도
꼬리를 절단한 도마뱀의 고통을 생각한다

시간이 가져간 젊음을 다시 부른다
그리고 내 나이를 서른이라고 시간과 타협한다

빗물이 흐르던 가지에 감자꽃이 하얗게 피듯
내 얼굴도 환해지고
희디흰 꽃잎을 어루만지며 싱싱한 떨림을 느낀다
내일 다시 해가 비추면
지난 저녁 잃어버린 내 그림자를
나를 잉태한 거룩한 여인의 곁에 붙인다

생일날 아침 연령을 수정한다
그리고 이런 생각들을 나에게 선물로 준다

디자인한다

내 여백을 다 내주고
지난 시간 타인들의 꿈을 설계했다
그들의 시간에 닿아 공간을 계획하고
그들만의 색을 입혀 주었다

이제 설렘의 진원지 발리에서
나를 디자인하기 위해 다른 시간으로 갈아탄다
아침에는 섬의 파도 소리로
속세의 잡음이 가득한 귓속을 세척하고
어둠이 하늘에 까맣게 맺히면
섬에 쏟아지는 별빛으로 흐려진 눈을 씻어낸다
청정한 수면을 뒹구는 별빛들이
가슴을 치던 지난 말들을 지운다
오늘 벅차오르는 밑그림을 그려놓고
몸을 떠돌던 투박한 표정을 꺼내 연마한다

새롭게 태어난 자화상이 맑은 해풍에 젖고 있다
바위에 부딪쳐 튀어오르는 입자들이
나의 새로운 페이지 위에서 구른다
온몸이 발리섬에 젖는다

그림자의 습성

해돋이 속에는
그림자가 무수히 담겨져 있다

지난밤 어둠으로 빚은 하루분의 음영
첫새벽이 지구를 터치하자 그림자가 쏟아져나온다

오늘의 목적지는 검은 그늘의 내부

아름다운 간격으로 가고 있는 두 개의 그림자
눈밭에서 흑백으로 현상되고 있다
찬란하던 연인의 만남이 창백한 이별을 하여도
떨어지는 눈물은 그림자 속에서 보이지 않는다

신호등이 건널목에 세워둔 도시인의 무리
땅에 내려온 검은 그늘 속에
모든 얼굴들이 계집애처럼 편편하다
바닥이 없으면 생기지 못했을 자유로운 영혼

석양이 하루분의 그림자를 채집해
서쪽 문으로 빠져나간다

떠나간 그림자

그리움을 두고
가을 바다로 간 사람
해풍이 손을 저으며 앞을 막아섭니다

차마 이별의 말 한마디 제대로 못 한 채
훌쩍 떠난 바닷길을 하염없이 바라봅니다
이것이 제게 마지막 주고 간 전부였나요
손수건에 번졌던 눈물의 언어를
은빛 모래 위에 써 내려갑니다

사무침을 두고
지금은 어디에 계신지요
수평선을 바라보다가 수심이 더 깊어져
오늘도 당신을 막지 못한 바람을 원망합니다
내게 눈물이 될까 되돌아 우시던
속 깊은 마음은 어디에 있는지요

이제 홀로 떠난 그림자를 접어
떨리는 가슴에 올려놓고
가만히 불러봅니다

무꽃 이야기

그대가 궁금한 아침
오늘 목적지는 당신입니다

창문으로 아침 빛을 받으면
당신 쪽으로 놀라운 시야가 열리고
내 안에서 종일 그대가 일렁입니다
깊은 허공에 아무리 손을 저어도
당신의 살을 만질 수가 없습니다

당신을 느끼고 싶습니다

오직 그대 생각으로
마음에 은밀히 묻어둔 무꽃 씨앗을
바람에 흠뻑 뿌립니다
공기를 한 주먹 꼭 쥐면 금방이라도
무꽃이 손에서 피어날 것 같습니다

촉촉한 하얀 무의 속처럼
공기 속에서 매일 사무치도록
당신을 느끼고 싶습니다

불꽃의 씨

문득 뜨거운 것들을 몸안에 갖고 싶다

불꽃의 씨가 담긴 성냥갑 속에서
불씨 하나를 꺼내 비명처럼 타오르고 싶다

성냥불의 짧은 호흡으로 너의 술잔에 떨어져
그 몸속에서 백년을 알코올의 화기로 번지고 싶다

정지시킬 수 없는
격렬한 사랑으로 타오르고 싶다

나의 맥박을 들고 파르르 떨리고 싶다

쿵쾅대는 것들이 몸 밖으로 넘치는 순간
타는 불꽃이 되어 눈에서 이글거리고 싶다

뜨거운 해의 맛을 본 대추처럼
죽더라도 달콤한 무덤이고 싶다

시월의 국경

초록이 해체되고 있다
붉은색이 지상의 무늬가 되는 계절

열매를 키우던 갈참나무도
산통을 허물고 제 무게를 내려놓는다

가을이 어디론가 줄지어 가고
나무 그늘이 추락하고 있다

밤과 0시의 틈에 찬비가 내리고
이파리를 조이던 힘이 쇠약해지고 있다

귓속으로 모이는 고적한 빗소리
비를 밟고 가는 발등에 사색의 무게도 떨어진다

머물던 계절이 해산되고
젖고 있는 시월의 국경을 넘는다

그곳에 팻말 하나가 있다
돌아갈 수 없는 시월의 끝이라고

마지막 운행 일지

달리는 기차가
창밖에 가을 문장을 이어준다

차창에 기대어 들꽃의 무리를 보다가
먼 산봉우리는 아득해서 페이지를 넘긴다

들판의 새들도
가을 그늘을 하나씩 접어서 날아가고
도착할 역에 가까이 갈수록
돌아갈 수 없는 색으로 변해간다

곧 있을 이별을
운행 일지에 기록하기 위해
먼저 망막에 수집한다

소멸하는 시월의 오색 언어들
끝이라는 단어가 너무 슬퍼서 붙잡지 못하고
마지막 운행 일지를 쓴다

그리고 겨울로 환승한다

얼음 시계

구름의 지도에 따라
일월의 눈이 오후의 바깥을 만들고 있다

건초에 내린 눈송이가 풀꽃의 환생처럼
눈 오는 날이면 엄했던 아버지가 하늘에서 오신다
폭설이 잦았던 시절
변변한 장갑도 없이 마당과 길을 치웠던
내 새벽은 춥고 길었다

아버지 사랑이 닿지 못하던 매서운 날들
손가락과 가슴에 결빙의 시간이 박혀 있다

서걱이는 겨울 눈길은
어린 시절 기억이 수록된 하얀 언어다
눈보라 속에서 일렁이는 아버지
반항 한번 못했던 지난날이 해빙되지 못하고
얼음 시계가 아직도 핏속을 돌고 있다

낯선 도시에 내리던 눈송이가
눈썹 위에서 아픈 눈물이 되어 흐른다

겨울의 동쪽

나의 시작이 동쪽으로 기운다

마음을 위로받으러 갔다가
성난 파도를 보고 바다를 달래준다

해풍이 부는 겨울 바닷가
내 중심을 정지시킨 파도 소리가
슬픈 음악처럼 자꾸 밀려와
몸을 하나씩 지우기 시작한다
흐릿한 영혼만 남기고 육신이 사라져간다

나는 파란에 싸인 채
두 다리마저 물처럼 녹아버리고
바짓가랑이가 늘어져 흐느적거린다
나를 잃어버린 혼돈
귀울림 외엔 아무것도 남지 않았다

제 몸을 파열시키는 성난 파도 모르게
내 아픔을 모래 속에 지그시 눌러놓고 왔다

제 2 부

소멸의 이해

저녁이 지나가고 있다
하루를 씻어내기 위해 샤워를 한다

내 몸에게 온 소멸
거품으로 조금씩 사라지는 너의 생애를 본다

무수히 내 몸을 만지다가 얇아진 비누
소멸 중인 그 두께를 새 비누에 붙여 쓴다

욕실에서 둘의 만남

서로 떠밀지 않고
작은 무게가 건너가 온전한 무게가 된다

비누의 생애에서 본 소멸의 이해

나날이 얇아진 내 삶도 그대에게 붙이니
온전한 하나가 된다

봄 주머니

파릇한 봄에도
그 안에 아픔이 있다

찬 가지에서 여린 맥박으로 있다가
수많은 울음으로 부서지며
허공에 여백을 만드는 홍매화
꽃잎들이 삼월의 마음밭에 색을 심는다

침묵의 빙막을 찢고 다음 길을 열어가는
봄의 요동
무너진 추위는 겨울 주머니에 넣어둔다

냉기가 흐르던 곳에 온화한 바람이 피어나면
유리창에 연두를 문지르는 봄의 손톱들
저 언덕에 솟은 무수한 꽃망울이
초경을 치른 계집애의 은밀한 젖꼭지처럼

분홍으로 부푼 봄 주머니를 열고
지상의 상처에 환한 문자를 나누어 준다

떨림의 마침표

겨울잠 자던 초원의 단어들

봄의 떨림이 없었다면
꽃망울이 저토록 부풀지 않았다

공중에 우수의 설렘이 없었다면
두들기는 빗줄기에 꽃잎은 울지 않았다
빗속에서 완성된 색이 메아리친다
지상과 허공의 경계에서 감정이 출렁인다

흙바닥에 제 자국을 찍고 있는 비구름

그 아래 유목하던 바람을 불러와
꽃의 갈피를 벗기면
우주의 한 모서리가 균열된다
벌의 발톱을 끌어안던 꽃술이 해체되고
우리에게 떨림을 주던 환한 윤곽도 무너진다

색을 흘리던 꽃들이 숨의 마침표를 찍고
벼랑으로 툭툭 떨어진다

천 개의 바람

천 개의 벽돌이 있다고
다 높은 벽이 될 수는 없다

조적공이 벽돌의 한생을 어루만질 때
비로소 하나의 단단한 벽이 되는 것이다

태풍의 저주에 부딪쳐도 벽이 견고할 때
천 개의 벽돌은 천 개의 바람에 맞선 것이다

바람도 단단한 벽에 부딪쳐 조각조각 깨지면
귀가 어두워지고 그 앞에서 더 큰소리로 운다

어느 날 마음이 멍들어 슬플 때는
파릇한 천 개의 바람이 되어

어머니 같은 여인의 가슴벽에 닿아
큰소리로 흐느끼고 싶다

바람에게 경배를

몸에서 사용하다 버린 공기들

서로 부딪치며 무수히 자라
못 하나 빠져나간 양철지붕을 붙들고
밤새 울다 가버렸다
그중 몇 줄기는 창틀에 부딪쳐 잠을 흔들어 놓았다

지난밤 덜거덕거리던 곳에는
별빛을 잡고 있던 풀잎들이 거센 기류에 쓰러져 있고

소식이 끊긴 그 사람의 살에 닿았던 공기를
내 피부에 와 닿도록 해준 바람의 속살들

우울하게 두고 온 과거 위에도
맑은 바람이 가득 덮여 웅웅거린다
오늘도 그 내부로 들어가
하루 사용분의 공기를 생각한다

새삼 소중한 바람에게 경배를 올린다

물다발

수많은 입자가 만든 백색 포말
더운 공기의 막을 찢으며 허공으로 솟는다

순간이 비명으로 터지고
더위가 물다발에 휘감겨 하나가 되면

여름의 한 모퉁이가 무너진다

물보라를 만드는 곳
우리는 잠시 시원한 동반자가 된다

몸에 붙었던 더위를 물에 던지니
송사리 떼가 몰려와 꿀꺽 삼키고 사라진다

어시장의 포로

파도 소리가 멈춘 수족관
출구를 찾지 못하고 육지 멀미를 한다

먼 수중 속에 추억들이 포로가 되어
제 비늘에 가져온 바다를 움켜쥐고 있다

지느러미가 흔드는 곳을 다 찾아도
바다는 간 곳이 없고
물에 토해 논 마지막 우럭의 말들이
보글보글 수면 위로 올라온다

도마에 흩어진 비늘에는
활어의 비명들이 스며 있고
칼 끝에서 산산 조각난 넋들이
수산시장을 둥둥 떠돌고 있다

바다를 토막낸 적막 한 자루

무뎌진 칼을 가는 불꽃 속으로
그물에 걸린 활어들이 또 오고 있다

신들의 섬

간절한 소망을 기원하는 신의 제단에
연분홍 꽃그늘이 자욱이 앉았다

발리섬의 태양 아래
제 키를 길게 뻗어 돌탑과 한몸으로 있다

꽃잎이 지워지는 사후의 세상을
신에게 기대어 영생하고 싶었을까

섬의 귀퉁이를 애잔하게 하는
산비둘기 울음이 멀게 들려오고

사색 하나가 토막 바람에 스치는 순간

한 사람과 영원한 동행을 위해
성단의 제물로 내 그림자를 두고 온다

모래알

발리의 해안가에서
맨발에 부서지는 모래알들

많은 빗줄기를 품고도
작은 뿌리 하나 만들지 못하는 땅속에서

생각 하나가 발가락 끝에 닿는다

지난 시절 내 앞에 많은 것들이 비처럼 왔어도
푸른 생의 줄기를 만들지 못하고 멈춰버린 시간들

모래시계처럼 뒤집으면 다시 시작할 수 있을까

유리 대롱 속에서
축복의 알갱이로 떨어져

내 마음밭에 알알이 여문 그 사람과
궁금한 시간을 쌓고 싶다

별꽃의 메아리

얼음 속에 박혔던 겨울 하나가
노랑나비가 되어 날아오르는 봄의 언덕에서

민들레처럼 주저앉아 지난일을 생각합니다

같이 걸었던 시간들을 가만히 꺼내보면
길 떠난 끝에서
울컥, 가슴을 찌르는 그날이 있습니다
나에게 따뜻한 온도였던 한 사람의 손이
영영 가버렸습니다

수채화 붓끝으로 지난 우울을 지우고
밝게 채색한 마음결로 그대에게 닿고 싶습니다
슬픈 낯빛을 소복이 덮는 어둠이 내리면
까만 공기 속에 핀 별꽃이고 싶습니다

은하가 흐르는 당신 곁에서
색이 메아리치는 한 포기 꽃이고 싶습니다

빛의 구멍

채소밭에 벌레 한 마리
둥근 문양을 만들며 잎을 갉아먹고 있다

잎의 그늘을 만들고 있던 햇살이
그 구멍으로 제 빛을 한 뼘 더 늘리고 있다

뚫어진 곳을 자세히 보니
빛이 닿아 솟아난 싹 하나 호흡이 싱싱하다

벌레의 허기가 만든 구멍의 힘으로
여린 풀 한 포기
해를 향해 생을 파릇하게 세우고 있다

내게도 가슴을 뻥 뚫고 들어와
누군가 싱싱한 사랑의 씨앗을 뿌려주면
지난 생의 파문을 모두 지우고

미친 듯이 파릇파릇 다시 피어나고 싶다

지우지 못하는 사람

이별이 있던 해변에서
별빛이 속없이 반짝인다

찬 바람에 해수가 일렁이니
한 사람의 외로운 항해를 떠올린다

이정표 없는 방향으로 겨울을 떠나간 사람

지우지 못한 이별에 닿고 싶어
손의 온기를 바닷가 허공에 저어본다

해변의 밤이 또 가고
해풍이 옷깃을 치며 그날의 기억을 깨운다

먼 동생에게 이르는 그날까지
내 심장 박동이 사무침을 이어간다

- 먼저 간 동생을 생각하며

생과 사의 문

물에 감전되어 숨을 빠뜨린
한 남자의 시간이 수장되었다

익사자의 경계는 물속이 아니라
가지런히 벗어둔 신발이다

산 자의 움직임이 멈추면 적막하다

파문을 일으키며 생과 사의 문에서
생을 열지 못하고 물에 떠올랐다
남자의 생을 접어간 물의 갈퀴
수면에 뜬 소름이 온몸을 휘감는다

손등에서 깜박이다 꺼진 눈처럼
죽은 자 앞에서 마음이 먹먹하다

이유 있는 사람은 먼저 가고

나는 이유도 없이
생에서 사의 문으로 걸어가고 있다

계절의 출구

갈피를 넘기지 말아요
시월의 마지막 장을 찢지 말아요

들에서 흙맛을 느끼던 것들이
풀벌레 소리를 듣다가 떠나가네요
더는 넘길 수 없는 갈피에 찬비 내리고
밤은 쉴 새 없이 울고 있네요
떠나며 흘린 눈물을 모아
가을의 마지막 영혼을 닦아 주세요

가슴에 심어두었던
많은 것들을 보내는 계절의 끝에서
마지막이라는 하루가 오고
최후의 갈피가 찬바람에 넘어가네요
자정의 창가에서 가을 입구를 그리워하네요
시월의 출구를 찾아 통로를 걸어가는데
서늘하고 아프네요

가을의 발자국이여 잘 가요
돌아올 수 없는 것들이여 잘 가요

구름의 족적

어제의 통로로 하루가 지고 있다

선명하던 대지가 무너지고
잿빛을 뚫고 쏟아지는 구름의 발자국들

겨울의 전언으로 내리는 눈은 산을 한 뼘 더 키운다
창세기부터 구름의 자국은 땅에 내려와 생을 같이했다

흔들리며 허공을 밟는 하얀 스텝들

공중으로 오르지 못하고 흰 눈밭이 되면
지상의 수평은 모두 설경 속으로 숨는다

세상의 눈물들이 날아올라
구름 속에서 번식된 순백의 입자들

슬픈 구천을 떠돌다가
어느 가슴에서 고운 설화로 필까

겨울 드로잉

찬바람이 방지턱을 덜커덕 넘어온다
파란불로 바뀐 건널목을 겨울이 건너온다

공기가 빙점에 부서지고
가을 잎을 밟던 창밖의 모습이 사라진다

삶이 엷은 사람들이 혹한을 만나면
그림자가 얼어붙고 마음에 냉기가 번식한다

가지에는 잎 대신 별이 매달리고
가을 그리움을 눈이 덮으면 온통 미로가 된다

태양을 던져도
거리에서 떨고 있는 겨울을 드로잉하면

손끝에서 느꼈던 그 사람 체온이 더 그립다

느낌표

빙점이 무너진다
단단한 침묵이 떨어진다

새봄의 산란을 위해
투명하게 여물던 낙수의 입자들

벅찬 봄을 말하듯 느낌표처럼 떨어진다

맨땅의 입술에
하늘이 허락한 만큼 이별이 떨어진다

영하의 날씨가 겹겹이 덮쳐도
흔한 나이테 하나 갖지 못한 고드름

찬 바람도 떠나고

제 몸을 허물어 마지막 숨을 지상에 건네면
파인 자리마다 봄의 소리가 들린다

제 3 부

봄의 질감

우리들 옆에 찾아온
온화한 바람의 질감

눈이 쌓이던 나뭇가지에
씨눈 트는 소리가 명랑하다

박자를 잃었던 가지에는 봄이 찰랑이고
꽃망울 음표들이 개화의 연주를 기다린다

봄의 연주가 시작되자
접혔던 꽃잎들이 리듬을 타고 활짝 펴진다

남은 겨울을 긁어내는
딱새의 발톱 끝에서도 초록이 흐르고

남쪽 언어들이 훈풍을 타고 날아와
마음의 물가에 봄의 다리를 놓는다

맑은 언어

흔들리는 수초에서
서로의 눈빛을 기대며 도리질하는
한 쌍의 풀벌레를 보았습니다

빈 가슴으로 떨어진 잎이
수면에 기대어 맴도는 것을 보았습니다

서로가 서로를 기대는 하루

맑은 물가에서 그대 마음에 기대니
시어가 번식되어 내 안에 알알이 맺혔습니다

어둠의 뿌리에서 침묵하던 이야기들

세상 밖으로 힘껏 밀어 올려서
그 언어의 꽃망울이 부풀면

둥둥 떠다니도록 향기를 터트려
모두를 설레게하는 사색이 되렵니다

에버라인 동백역

이름이 동백인 역 하나 자나갔을 뿐인데

동백숲을 지나는 것처럼
가슴에서 꽃망울들이 톡톡 터진다

해풍에 흘려보낸 그날의 향기가
가슴에 다시 쌓여 지난일들이 재현된다
붉은 꽃잎이 햇빛을 끌어모으던 동백섬
흐르는 시간에도 그리움이 지워지지 않는다

꽃이 한 목숨 터뜨릴 때마다
미세한 흔들림이 공중에서 일렁이고
동백이 되었던 내 사색

눈에 넣어도 아프지 않을 빛깔들
다시 이곳을 지나갈 때는
지하철 역의 기둥 대신
둥글게 몸을 세우고 만개했으면 …

동백이 몸에서 다시 일렁인다

하얀 공기막

하늘이 허락한 만큼
물의 씨앗이 뿌려지는 아침의 허공

색의 경계를 지우며
미세한 알갱이들이 자욱이 밀려온다

음성만이 소통되는 안개 속에서
귀 없는 사물들이 표류한다

두 눈을 활짝 열어도
지상의 모든 형상을 가리는 하얀 공기막

안개의 포토라인에 서서

표정이 모두 지워지기 전에
촉촉한 운무의 입자로 이마를 복사한다

손자가 제 뿌리를 넓은 이마에서 찾도록
그 사본 하나를 백년의 시간 속에 보관한다

안개의 땅

안개의 내부로 들어가기 위해
신비한 영토의 문을 두드린다

그곳에는 또 하나의 창세기
우리는 안개를 미사포처럼 쓰고 안식을 누린다
오늘은 조금 우울해도
안개꽃이 우울을 밀어낸다고 믿는다
두 눈의 빗장을 풀어도 앞을 가려
입자들이 부딪치는 소리만 환청으로 들린다

몸이 표류하는 곳
고밀도의 운무 속에는 소리만이 존재한다
그 속에서 음으로 소통하기 위해
오선지 위에 안개의 음표를 올려놓는다
음색을 감지하는 귀만 열어놓고
사용할 수 없는 동공은 안개를 복사한다

하얀 미로에서
음의 흐름으로 방향을 감지하여
내 몸의 영토를 확장해 간다

물음표 하나

길가에 부는 차가운 바람이
한해살이풀의 곡선을 지나

시골 마당에 두고 온 강아지 꼬리에도 분다

어둠과 함께 보냈을 시간들
외로웠던 제 흔적을 지우고
꼬리에서 나를 반기는 미소를 보았다

작은 꼬리의 미소
정을 부르는 강아지를 어루만지며 생각한다

내 미소는 어디로 갔나
수채화같이 고운 색이 번지던 생을
어디에서 잃었을까

돌아오는 길
누런 풀잎 위에 물음표 하나 올려 놓는다

작은개자리별

제 그림자를 지우고
하나의 움직임이 떠났습니다
길마다 꼬리를 흔들던 열두 해 동안
기쁨을 준 날들을 떠난 후에야 알았습니다
내가 밥을 먹을 때면 옆에 기대어 같이 숨을 쉬고
외출하면 돌처럼 엎드려 기다렸습니다
온몸에 암덩어리가 번져도 말 한마디 못하고
강아지는 제 표정을 감추었습니다

그러던 어느 날
밥을 먹던 식탁도, 기다리던 현관도, 마구 짖던 소리도
산책하던 길과 함께 모두 싱크홀로 사라졌습니다
이제 내 마음 한복판에도 구멍이 생겼습니다
오늘따라 밤하늘 작은개자리별에서
두고 간 숨소리가 아득히 들려옵니다
이런 밤이면 길 떠난 끝이 가슴을 찌릅니다
지난 기억을 재생하기 위해
같이 지냈던 시간의 둘레를 가만히 안아 봅니다
오늘도 무심코 밥을 주려고 가다가
그 앞에서 돌아섭니다

프로방스 향기

신비가 감도는 빛의 낙원
올리브 나무와 하나가 된다

소용돌이치는 고흐의 색처럼
머무는 시간이 그림 같다

저공에 흩어지는 라벤더 향

지상의 것이라 믿을 수 없을 만큼
이방인도 탐내는 보랏빛이 물결친다

석양이 기울고
절정의 하루가 눈에서 지워져 갈 때

밤공기에 감정을 기대면
몸이 그리워하던 라벤더가 분다

프로방스가 온다

마야의 계곡

감성을 두드리는 여울목의 화음들

돌에 부딪쳐 튀어 오르는 물의 음표들이
가득히 귓속으로 들어앉는다

세속의 시간이 지워지는 마야의 계곡에서

하얀 꽃그늘이 돌덩이를 덮고 있다
제 키보다 길게 뻗어 발리의 등을 감싸고 있다

검은 돌에게 순백의 마음을 건네고 싶었을까

꽃잎이 새벽이슬에 젖을 때마다
같은 마음으로 젖었을 돌의 고요

우리들도 열어 놓은 가슴에 서로 정이 닿으면
흐르는 슬픔 앞에서 함께 눈시울이 젖는다

꿈의 경계

꿈속에서 한 여인을 쏟았다

몸 밖으로 흘러나온 미몽이 흥건한 곳
아무리 불러도 꿈결의 여인은 대답이 없다

흐릿한 꿈에서 나는 없고
뿌리처럼 꿈의 잔영이 번져 있다

날이 밝아오자 잠의 꼬리를 물고
해몽이 어디론가 줄지어 가고 있는 시간

여동생에게 전화가 왔다
어머니가 넘어져 고관절을 다쳤다고 한다

저녁이 가슴을 친다

아픔이 노모 속으로 깃들고
나는 아직도 꿈의 경계에 있다

어머니 하늘

창 하나 열어 놓아도
어머니 하늘이 쏟아져 들어옵니다

내복에 끼워준 새 고무줄은
허리를 끌어안은 어머니의 두 팔입니다

아버지에게 야단맞고 쫓겨나
널빤지 틈으로 우리 집 등불을 훔쳐볼 때

어둠 속에서 떨고 있던 몸에
포근하게 다가와 감싸주던 가슴

밤하늘 자욱한 별들은
어린 시절이 기록된 야광일기입니다

어느 날 그 별 하나 지워지면
손잡고 같이 걷던 고향 길가에 앉아

밤하늘을 하염없이 바라보며
어머니 거처가 있는 곳으로 마음을 기대렵니다

행운의 열쇠

밤하늘 별처럼
그리운 것들은 늘 멀리 있다

호주에 사는 딸의 시선과 내 시선이
같은 별자리에서 멈추는 순간
밝은 별에서 좋은 예감 하나가 다가와
성스러운 잉태를 했다

먼 우주에서 온
신비한 박동 소리가 백 일째 되던 날

산통을 이겨낸 딸에게
낙원의 문이 열리는 행운의 열쇠를 주었다
순간 황금빛이 번지고
아이는 환한 배냇짓으로 답한다

딸과 이어졌던 단단한 끈
천사처럼 웃고 있는 외손자와도 연결한다

천국

물가 옆으로 가시덩굴이 울창해도
상처 없이 흐르는 맑은 냇물소리

귓속에 두었던 말들의 가시를 물에 띄운다

맑은 생각으로 집에 오는 길
손수레가 덜커덩 턱을 넘고 간다
채워진 빈 박스 위에
가을 잎이 떨어져 무게를 보탠다

빈 박스를 모아 상처 없는 천국에
차곡차곡 쌓아두고 싶었을 할머니

문 밖에서 턱을 넘던 손수레의 소리가
저녁의 맑은 귓속으로 또 들려온다

천국을 안고 자려는데
빈 수레가 덜거덕 가슴 위로 지나간다

가을 사색

푸르던 그늘을 버리고
땅에 착지한 가을 잎들

제 몸을 떨구어낸 아픔만큼
가는 잎 속에 눈물이 들어 있다
솔나무의 무수한 잎에는
허공의 소리를 옮겨다 준 박새 울음도 있다

젖은 돌에 내려앉은 솔잎들은
빗살무늬 화석처럼 있다
나뭇가지에 있던 공중의 소리를
영원히 간직하고 싶었나 보다

내 가을 사색도 영원한 보존을 위해
잎 내려앉은 돌덩이로 체화되어 있다가

어느 날 미켈란젤로의 손으로 꺼내고 싶다

서릿가을

마른 잎도 꽃이 되는 가을
꽃 같은 홍엽이 우리 곁에 뒹군다

새벽비 지나간 자리에는
푸르던 시간이 낙엽의 계절로 기울고

서릿가을로 가는 이정표 앞에서
가지 사이로 떨어지는 붉은 울음을 본다

새 떼들도 가을을 하나씩 물고 서쪽 하늘로 떠나면

풍경이 담겼던 들판이 비워지고
계절 하나가 징검다리를 건너간다

마른 잎들이 흩어지다가
마대자루 속으로 모여든다

그 속에서 마지막 숨소리가
겨울 쪽으로 바스락거린다

겨울 강

신발 하나 겨울 강에 갇혀 있다

누가 저곳에 걸음을 멈추고
제 흔적을 꽁꽁 얼어붙게 했을까
아직 세상을 놓지 못한
차가운 발 하나를 얼음에 묻어두고
다른 시간에 있을 또 하나의 발바닥
별의 시간을 되돌리면 서로 닿아
짝을 맞출 수 있을까

처음 새 구두를 따라가며 긴 밤을 반짝였을 별빛들

지금 먼 곳에 있을
다른 하나의 짝을 비추고 있는지 …
얼었던 강에 봄이 내려와
지난 시간이 되살아나면
신발에 남았던 비명이 사라질까
미동도 없는 완강한 겨울은
여전히 입을 다물고 있다

전단지

전봇대에 붙은 전단지 속에
미처 슬픔을 배우지 못한 아이의
얼굴이 있다

엄마를 놓친 고사리손
찬 겨울 위에서 얼마나 동동거려야
돌아올 수 있을까

전단지에 스치는 매서운 바람이
잊어버린 얼굴을 만지고 온 바람인가
먼 별빛은 목소리가 침묵한 곳을 알고 있겠지

어린 표정에 가까이 다가서니

얼음 강에서 구르던 눈송이처럼
아이의 초롱한 눈빛이
가슴 안에서도 시리게 구르고 있다

서정의 사색

제 흔적을 나무에 남기고
덜컥 떨어지는 은행잎의 활자들

거리에 나부끼다가
빗물 위에서 꽃으로 환생한다
수중식물처럼
노란 빗소리로 선명하게 핀다

낯설게 피어난 시간을
도시의 발자국들이 밟고 간다
그곳에서 노란 빗소리를 꺼내
문장 하나를 만든다

서정의 사색 … 이라고

까만 나이테

새의 울음을 부르던 나무가
낙뢰에 감전되어 검은 나신으로 있다

종일 비가 오던 날

가지마다 빗물이 머물지 못하고
나무껍질 위로 무심하게 흘러내린다

뿌리가 새롭게 환생하면
날아간 새의 지저귐을 들을 수 있을까

돌처럼 단단해진 몸
푸르던 심장이 싸늘하다

한생이 쌓인 나이테마저 타버리고
손톱으로 파보니 벼락이 뭉클 만져진다

아카시

봄비가 입술을 갖다 대던 날
꽃망울이 제 마음을 터트린다

햇살에 익은 꽃의 향기는
훈풍을 타고 벌의 날개를 부른다

이맘때면 아카시꽃이 벌의 가슴에 밑줄을 친다

꽃향기가 제 아픔인 것을
무수한 날갯짓에 꽃은 은총의 꿀을 건넨다

어둠이 꽃그늘을 지우면
분주하던 벌들도 제 거처로 돌아가고

꿀벌의 발톱에 긁힌 꽃송이마다
밤하늘 집 없는 별들이 숨어든다

내 안에 번지던 한 사람처럼
향의 흐느낌이 지상으로 굽이친다

향기 주머니

찌르지도 못할
앳된 가시를 내보이며
울타리를 넘어가는 여린 손톱들

들장미의 꽃봉오리들은
열지 않은 향기 주머니
새벽이슬이 잔뜩 부푼 오월을 터뜨린다

자욱한 꽃송이를
눈으로 수집하는 순간
빨간 서정이 심장으로 번식된다

벌의 마음을 다치지 않게
꿀맛 같은 대화를, 은밀히
꽃송이와 하고 싶을 때가 있다

가시에 찔려도
꽃이 애인이고 싶을 때가 있다

야생의 숨소리

소복이 피어나
뿌리를 땅에 두고 온 야생화

들판을 채색하던 몸짓을
화병에 듬뿍 꽂았다

꺾여진 산철쭉이 세상을 원망하는 아침

햇살과 공기가 창을 넘어와
들에서처럼 꽃잎에 닿으려 한다

유리병에 갇힌 야생의 숨소리

좁은 수중에서
어둠에 두고 온 제 뿌리를 찾고 있다

나무의 생애

비구름이 몰려온다

빗방울 하나가 나무가 되고
나이테에서 악기 하나가 자라고 있다

벌이 날갯짓하는 저음과
새의 고음이 가지마다 스민다

나무의 생애로 피아노를 만들던 날
널빤지에 떨어진 빗방울이 첫 소리를 낸다

쏟아지는 빗소리 곁에서
저음과 고음이 하나의 화음이 되어 귀를 덮는다

다시 태어난 맑은 화음을 가슴에 꽂으니
지난 미움들이 희석된다

별 하나

먼 하늘 별들도
땅으로 내려가고 싶을 때가 있을 것이다

물가에서 어둠을 바라보며
제 빛이 있던 곳이 얼마나 반짝이는지
보고 싶을 때가 있었을 것이다

까만 공기에 핀 별 하나가 내려와
두고 온 밤하늘이 얼마나 그리운지
알고 싶었을 것이다

지난밤
불꺼진 창을 두드리다 돌아간 별도
사람 냄새가 그리워 다녀갔을 것이다

구름 사이에 뜬 별 하나가
오늘도 그런 생각을 하고 있을 것이다

그런 사람

지구에서 가장 먼 곳은
가려워도 긁을 수 없는 곳

그토록 먼 별 같은 곳을
설거지하던 손으로 달려와

땀내 나는 등짝을 시원하게 긁어주는
토종 같은 사람

날이 어둑해지면
불을 켜듯이 환한 얼굴로 다가와 주고

불현듯 세상이
찰랑이던 마음을 아프게 긋고 갈 때

한몸의 순간으로 엉키어
몸이 흐느끼는 곳을 만져주는

그런 사람 하나 갖고 싶다

화음

나란히 가던 두 개의 그림자
얄궂은 먹구름이 지우고 있다

둘 사이에 그어진 이별의 선에
아픔을 닦아 주는 비가 쏟아진다

우산 위에서
생음으로 구르는 빗줄기를 접어
버스에 오르니
따라 들어온 비에서 주르륵 흐르는 음표들

비와 우산이 만든 화음이
비 맞은 태양과 나의 이별을 달래준다

비의 악보

약속처럼 비가 내린다

빗줄기가 바람을 헤집어 놓으면
바람은 숨죽이고 빗소리 뒤에 숨는다

바닥에 떨어진 비의 울음이
창을 넘어 방안에 흠뻑 들어앉는다

가까이 다가온 촉촉한 리듬
되풀이되는 빗소리의 내부를 듣기 위해

키보드에 우수의 음표를 밀어넣는다

건반 위에 흐르는 비의 악보에서
지워진 사람의 발자국이 오고 있다

깨진 비의 글썽한 소리처럼
젖은 시간 속에서 아픈 파동으로 오고 있다

어머니

빈 항아리에
고추장이 채워질 때마다
매운 삶이 같이 채워지고 있었다

장독의 선처럼 등이 휘어져가고
생의 시간도 자꾸 줄어들고 있다

비가 쏟아지던 날

장독대의 곡선을 타고 흐르던 빗물에서
설핏 어머니 휘어진 등이 내 가슴으로 지나간다

햇살 좋은 날
허리 휜 그림자가 우두둑 펴졌으면 좋겠다

부지깽이

햇살이 지워지는 저녁

나이테가 열기로 피어
구들에 도달하면
냉기가 쩍쩍 갈라진다

오늘도 별들이 창가에 오면
따뜻해진 아랫목으로 가족을 모은다

불의 페이지를 넘길 때마다
아궁이에서 타들어간 부지깽이 끝에는
매운 눈물이 고여 있다

몸을 반쯤 아궁이에 주고
시간 속으로 묻혀버린 부지깽이에는
찬 공기를 묶어 자식들을 따뜻하게 해주던

어머니 마음이 화석처럼 들어앉았다

둥지

철거를 앞둔 빈집에 녹슨 우체통

기다리는 소식도 없는데
호기심을 깊숙이 넣었다
그 안에는 개봉할 수 없는 우편물이 들어 있다

타지로 간 주인의 소식 대신
텃새가 둥지를 틀고 알을 낳았다

동화 같은 이야기가 웅크리고 있다

어미가 잘 품고 있을 거라고
알의 미래를 생각하며 내 미래도 지나갔다

얼마 후 그곳에 가 보니

녹슨 우편함 속의 알들은
세상의 저녁을 건너 먼 하늘을 날아가고 없었다
날개도 없이

풍막

지붕이 없고 문이 없는 집

새들의 방식으로 지은 건축물에
바람이 수시로 드나든다

새끼들의 허기를 달래주기 위해
어미 새가 공중의 길을 날아오르고

나뭇가지에 마음이 붉은 낙엽 하나
새끼들의 엷은 온도 옆에 내려앉는다

어린 몸들이 웅크리고 있는 둥지에
생을 다한 제 몸으로 바람막이가 되어

불어오는 찬 공기를 되돌아가게 한다

떨어진 맥박

바람의 곁에 영혼을 붓고
가을 속에 적막히 앉아 있는데

뒤에서 작은 기척이 느껴집니다

먼 곳으로 떠난 사람이
제 떨림을 놓고 갔나 하는 설렘에

가만히 손에 잡힌 것은
시간의 여정에서 온 마른잎 하나

어둠을 긋고 떨어진
가을 맥박을 손으로 감싸니

그 속에서 밤벌레 우는 소리가 들립니다

낯익은 벤치

들에서 흔들리던 야생이 지워진다
한 계절이 거두어지고
햇살은 빈자리를 메우느라 바쁘다

찬바람 불어

제 그늘을 지우고 떨어진 고엽들
마른 소리로 흩어지는 그 곁에서
오래된 멜로디 하나를 채집한다

눈을 물들이고 간 오색 가을의 시간
환청으로 들리는 이브몽땅의 샹송이
그 사람 방향으로 나를 끌고가는 저녁

약속을 기다리듯

낯익은 공원 의자에 돌처럼 앉아
그날처럼 내 사색을 바람에 기대고
오지 않는 사람을 기다린다

설화

잿빛 구름이 터뜨린 눈송이가
잎 떨어진 가지에 겨울 무늬로 있다

순백의 테두리로
회색 허공을 가득 덧칠하는 구름의 속살

무음으로 내리는 눈송이와
두근거리는 내 시선이 부딪치는 순간

지우지 못한 사람이
설화로 피어 저녁 위에 자욱이 내린다

하얀 빙점의 시간이 깊어지면
눈을 맞으며 나란히 걷던 추억 하나가

심장 속에 있던 오래된 박동을 건드린다

연심

그날처럼 눈이 내린다

창밖에 두고 온 둘만의 문자들이
고요한 속도로 덮인다

차마 바라볼 수 없는 곳에서
깨진 약속 사이로 한숨이 빠져나간다

두 사람 가슴에 흐르던 물소리는 언 강처럼 멈추고

그대 창을 두드리다 돌아간 별 하나가
빈 가지에 매달려 적막하다

천 개의 바람에도 흔들리지 않는 그리움
겨울 강에 덮인 얼음으로 머물다가

봄이 오면 물이 되어
당신 곁으로 흐르고 싶다

이별할 때는

이별은
비 오는 날에 하세요

둘 사이에 아픈 선 하나가 그어져
헤어지며 했던 말들이 물이 되어
강에서 만나고

젖은 말들이 햇살에 증발되어
먹구름 속에서 만날 수 있으니까요

부득이 겨울에 헤어질 때는
눈이 펑펑 쏟아지는 날에 하세요

눈에 덮인 이별의 아픈 말들이
아이가 무심히 굴린 눈사람이 되어

서로가 처음 닿았던 설렘으로
눈 향기 번지는 설원에서

약속된 운명처럼 마주볼 수 있으니까요

근원적 세계에 대한 심미적 열망과 지향
이종호의 시세계

유성호(문학평론가, 한양대 국문과 교수)

1

이종호 시인의 신작시집 『시월의 국경』(시현실, 2017)은, 근원적 세계에 대한 심미적 열망과 지향을 매우 산뜻하고 성찰적 언어로 그려낸 융융한 화폭이라고 할 수 있다. 우리가 잘 알듯이, 서정시는 시인 스스로를 탐구하고 성찰하는 속성이 강한 예술 장르이고, 서정시의 근원적 창작 동기 역시 일정하게 자기 확인의 충실성에 있을 것이다. 이종호 시인의 시세계는 이러한 자기 탐구로서의 재귀적 속성으로 충일하다. 이번 시집은 이러한 자기 확인의 절실함 그리고 그것이 세상에 내놓여지게 되는 것에 대한 기대와 두려움을 촘촘하게 담고 있는 세계이다. 하지만 그의 시세계가 단순한 자기 도취적 몽환에 그쳐버렸다면, 우리는 그의 시편을 통해 서정시의 미학적 완결성을 경험하기는 어려웠을 것이다. 하지만 그의 시는 자기의 고유한 경험으로부터 생성하면서도 가장 근원적인 세계와 소통하려는 열망을 내포함으로써, 우리로 하여금 주체와 세계가 구체적 경험 속에서 접점을 형성하면서 소통하는 미학적 완결성을 발견하게끔 하고 있다. 그렇게 이종호 시편은 오랜 기억과 소통의 시학으로 구성되어 있다. 이제 그 세계 안쪽에서 출렁이고 있는 훌륭한 작품들을 만나보도록 하자.

2

먼저 우리는 이종호 시인이 주목하는 세계가 자연 사물의 편재성(遍在性)에 있다는 사실에 상도(想到)하게 된다. 대개 상징이나 은유를 통한 간접화의 속성을 지니고 있는 서정시는, 타자를 탐색할 때조차 시인의 자기 인식으로 회귀하려는 움직임을 멈추지 않는다. 다시 말하면 시인은 화자와 별개의 사람이지만, 그럼에도 불구하고 한 편의 서정시 안에서 화자와 통일된 몸을 형성하면서 자신의 목소리를 발화할 때가 많다. 이종호 시인이 이때 설정하는 타자는 대체로 자연이나 계절 같은 매우 보편적인 삶의 조건이고, 시인은 이러한 대상을 탐사한 후 결국 명료한 자기 인식으로 끊임없이 귀환하고 있다. 그래서 그의 시는 주체 부정이 아니라, 경험적 주체와 시적 주체가 통합된 발화를 통해 자기 인식에 이르는 고전적 과정을 더욱 심화시켜가고 있다고 할 수 있을 것이다. 다음 시편을 먼저 읽어보자.

초록이 해체되고 있다
붉은색이 지상의 무늬가 되는 계절

열매를 키우던 갈참나무도
산통을 허물고 제 무게를 내려놓는다

가을이 어디론가 줄지어 가고
나무 그늘이 추락하고 있다

밤과 0시의 틈에 찬비가 내리고
이파리를 조이던 힘이 쇠약해지고 있다

귓속으로 모이는 고적한 빗소리
비를 밟고 가는 발등에 사색의 무게도 떨어진다

머물던 계절이 해산되고
젖고 있는 시월의 국경을 넘는다

그곳에 팻말 하나가 있다
돌아갈 수 없는 시월의 끝이라고

—「시월의 국경」

시집 표제작인 이 시편은, 초록이 해체되고 붉음이 지상을 점령해가는 시월의 한순간을 노래한다. "열매를 키우던 갈참나무"도 제 무게를 내려놓고, 모든 것은 서서히 저물어가고 추락해가고 쇠약해져간다. 더불어 사색의 무게도 떨어져간다. "시월의 국경"은 그렇게 모든 것을 생성의 자리에서 소멸의 자리로 옮겨간다. 그리고 "돌아갈 수 없는 시월의 끝"이라는 팻말 하나가 시간의 불가역성(不可易性)을 보여주면서, 이 시편이 자연 사물의 소멸과 함께 우리의 삶도 차분하게 가라앉아가는 순간을 잡아내고 있다는 사실을 알려준다. 이때 우리는 시인이 정태적으로 사물들을 관조하는 것이 아니라 천천히 움직이면서 사물을 바라보고 있다는 것을 알게 되고, 나아가 사물의 외관이나 생리를 그 자체로 재현하는 관찰자 시선을 강화하고 있다는 것을 발견하게 된다. 일찍이 베냐민(W. Benjamin)은 그것을 '산책자'의 직능으로 명명했지만, 그러한 이름이 도시 복판을 걷는 문맥에서 도출된 것이라면, 이종호 시편은 철저하게 자연 속에서 그 시선을 활용하고 있다는 점에서 일정하게 변별성을 띤다. 이는 "손끝에서 느꼈던 그 체온"(「겨울 드로잉」)이나 "독을 닦고 있던 손의 온도"(「어머니」)를 품으면서 다른 계절로 넘어가는 자연의 순리를 알뜰하게 보여주는 순간이 아닐 수 없다. 이처럼 이종호는 근원 지향의 상상력을 가진 시인이다.

달리는 기차가
창밖에 가을 문장을 이어준다

차창에 기대어 들꽃의 무리를 보다가
먼 산봉우리는 아득해서 페이지를 넘긴다

들판의 새들도
가을 그늘을 하나씩 접어서 날아가고

도착할 역에 가까이 갈수록
돌아갈 수 없는 색으로 변해간다

곧 있을 이별들을
운행 일지에 기록하기 위해
먼저 망막에 수집한다

소멸하는 시월의 오색 언어들
끝이라는 단어가 너무 슬퍼서 붙잡지 못하고
마지막 운행 일지를 쓴다

그리고 겨울로 환승한다

—「마지막 운행 일지」

이번 작품은 겨울로 넘어가는 순간을 담고 있다. 마지막 운행 일지를 기록하는 기차가 이번에는 창밖으로 "가을 문장"을 이어주면서, 아득한 시간의 페이지를 넘기면서 달려간다. 새들도 "가을 그늘"을 접어서 날아가고, "소멸하는 시월의 오색 언어들"을 갈무리하면서 기차는 "마지막 운행 일지"를 쓰면서 겨울로 이월해간다. 앞의 시편과 이어서 읽으면, 가을과 겨울의 소멸 앞에서 시인이 노래하는 새로운 존재론적 생성의 작품으로 다가옴을 느낄 수 있다. 이는 또다시 "겨울잠 자던 초원의 문장들"(「떨림의 마침표」)로 이어질 것이고, 마침내는 "갈라진 틈으로 봄의 활자들이 솟아"(「봄의 경로」)나는 풍경으로 나아갈 것이다. 결국 이종호 시인은 "겨울의 전언으로 내리는 눈"(「구름의 족적」) 속에서도 봄의 기운을 알아채는 예지의 안목을 가지고 있다 할 것이다.

이처럼 이종호 시인은 언어의 사원을 떠나 시간이 흘러가는 길 위로 나와 있다. 그의 시편은 그 특유의 근원적 가치에 대한 추구와 신성함에 대한 열망을 집중적으로 보여주는데, 그 낮은 목소리는 우리에게 역설적인 활력을 부여하고 있다. 그것은 그의 시편이 모든 현상들이 근본적으로 상호 연관되어 있으며, 자연 사물의 순환 과정이 거기 깊이 매개되어 있음을 전제로 한 세계관 위에서 펼쳐지고 있기 때문일 것이다. 이는 인간이 우주의 구성 요소들과 불가분리성을 지닌다는 자각과 관련되면서, 가장 근원적인 가치를 구성하는 근본적 요소로서의 자연 사물을 인식하는 것과 깊이 관련되는 것일 터이다. 이종호 시편의 잔잔하고도 단호한, 그리고 근원적 가치를 담으려는 의지는 그렇게 계절적 순환 과정 속에서 충만함으로 빛나고 있다.

3

다음으로 우리는 이종호 시인 특유의 낭만적 원형에 대한 추구 의지를 만날 수 있다. 가령 시인은 우리가 현실 속에서는 가 닿을 수 없다고 생각하는 순수 세계를 갈망한다. 아니 그 세계를 온몸의 직접성으로 겪었던 시간에 대한 기억을 충일하게 지탱해간다. 우리가 잘 알듯이, 기억이란 존재론적 동일성에 의해 구축되는 언어의 한 원리가 아닌가. 이때 시인은 사물을 해석해가는 과정에서 사물 이면에 존재하는 오랜 시간의 파동을 세밀하게 포착하여, 그것을 순간적 기억의 형식으로 복원해내게 마련이다. 이종호 시인이 그 작업을 수행하고 있는 공간은, 다름 아닌 감각적 현존들이 빛을 뿌리는 원초적 자연의 세계이다. 이 점, 다시 한 번 근원적 세계에 대한 심미적 열망과 지향을 보여주기에 충분한 속성이 아닐 수 없다.

신발 하나 겨울 강에 갇혀 있다

누가 저곳에 걸음을 멈추고
제 흔적을 꽁꽁 얼어붙게 했을까
아직 세상을 놓지 못한
차가운 발 하나를 얼음에 묻어두고
다른 시간에 있을 또 하나의 발바닥
별의 시간을 되돌리면 서로 닿아
짝을 맞출 수 있을까

처음 새 구두를 따라가며 긴 밤을 반짝였을 별빛들

지금 먼 곳에 있을
다른 하나의 짝을 비추고 있는지
얼었던 강에 봄이 내려와
지난 시간이 되살아나면
신발에 남았던 비명이 사라질까

미동도 없는 완강한 겨울은
여전히 입을 다물고 있다

—「겨울 강」

여기서 겨울 강에 갇힌 "신발 하나"는, 그 누가 걸음을 멈추고 거기 자기의 흔적을 꽁꽁 얼어붙게 한 실물적 표지(標識)일 것이다. "아직 세상을 놓지 못한/차가운 발 하나"가 있듯이 "다른 시간에 있을 또 하나의 발바닥"도 있을 터이니, 시인은 별의 시간을 되돌려 그것들이 서로 닿아 짝을 맞출 것을 상상해본다. 긴 밤을 반짝였을 별빛들을 돌려서 "지금 먼 곳에 있을/다른 하나의 짝"을 갈망하는 시선이 "신발에 남아 있는 비명"을 되살리고 나아가 "미동도 없는 완강한 겨울"을 넘어서고 있다. 물론 이러한 갈망과 상상은 그 자체로 물리적 현실에 바탕을 둔 것이 아니라, 상징적이고 낭만적인 존재 전환의 시선에 의해 나타난 것이다. 말하자면 "빛이 싱싱하게 피어나고 태양의 제방을 다시 쌓는"(「빛의 제방」) 순간 혹은 "감성을 두드리는 여울목의 화음"(「마야의 계곡」)을 듣는 순간이 거기 배어 있을 것이다. 그야말로 아름답고 깊은 시원(始原)의 세계이다. 다음 작품의 '별' 또한 그러한 낭만적 시원의 세계를 잘 보여준다.

먼 하늘 별들도
땅으로 내려가고 싶을 때가 있을 것이다

물가에서 어둠을 바라보며

제 빛이 있던 곳이 얼마나 반짝이는지
보고 싶을 때가 있었을 것이다

까만 공기에 핀 별 하나가 내려와
두고 온 밤하늘이 얼마나 그리운지
알고 싶었을 것이다

지난밤
불 꺼진 창을 두드리다 돌아간 별도
사람 냄새가 그리워 다녀갔을 것이다

구름 사이에 뜬 별 하나가
오늘도 그런 생각을 하고 있을 것이다

—「별 하나」

앞에서 시인의 상상력을 끌어왔던 '신발 하나'는 여기서 '별 하나'로 몸을 바꾸었다. 시인은 별들도 땅으로 내려가 천상의 자기 빛을 보고 싶을 때가 있을 것이라고 상상한다. 마치 두고 온 밤하늘이 얼마나 그리운 존재인지를 알려고 그러는 것처럼 말이다. 그러니 "지난밤/불 꺼진 창을 두드리다 돌아간 별"은 사람 냄새가 그리워서 그랬을 것이고, 구름 사이로 비치는 별들도 언젠가는 지상으로 낙하하는 꿈을 꾸고만 있을 것 같다. 이처럼 호혜적인 원리에 의해 묶인 '하늘-땅', '별-인간'의 관계가 아스라한 근원 지향의 상상력에 의해 떠받친 채 흘러넘치고 있다. 그때 비로소 "동면하던 물의 유목이 꿈틀”(「도시의 유목민」)대고, 하늘도 “지상의 상처에게 환한 언어를 나누어”(「봄 주머니」)주더니, 결국 “눈에 넣어도 아프지 않을 빛깔들”(「에버라인동백역」)로 세상이 가득해지는 것이 아니겠는가. 그리고 그 가득한 출렁임은 ‘어머니’라는 가장 근원적인 지표를 향해 나아간다.

창 하나 열어 놓아도
어머니 하늘이 쏟아져 들어옵니다

내복에 끼워준 새 고무줄은
허리를 끌어안은 어머니의 두 팔입니다

아버지에게 야단맞고 쫓겨나
널빤지 틈으로 우리 집 등불을 훔쳐볼 때
어둠 속에서 떨고 있던 몸에
포근하게 다가와 감싸주던 가슴
밤하늘 자욱한 별들은
어린 시절이 기록된 야광 일기입니다

어느 날 그 별 하나 지워지면
손잡고 같이 걷던 고향 길가에 앉아

밤하늘을 하염없이 바라보며
어머니 거처가 있는 곳으로 마음을 기대렵니다

—「어머니 하늘」

별이 쏟아지듯이 창 하나 열면 “어머니 하늘”이 쏟아져 들어온다. 왜 ‘어머니 하늘’일까? 그것은 ‘어머니’와 ‘하늘’이 모두 존재자들의 근원이기 때문이고 또한 궁극적 귀환의 거소(居所)가 되기 때문이다. 아버지에게 야단맞고 쫓겨나 멀리서 집을 훔쳐볼 때 바로 “어둠 속에서 떨고 있던 몸에/포근하게 다가와 감싸주던 가슴”은 단연 어머니의 것이었을 터이다. 그러니 “밤하늘 자욱한 별들은/어린 시절이 기록된 야광 일기”이고, 밤하늘은 “어머니 거처가 있는 곳”이 아니었겠는가. 그곳에는 “지워지지 않는 하얀 그리움”(「연심」)이 있고, “어머니 마음이 화석처럼”(「부지깽이」) 담겨 있을 것이다. 그리고 그 순간 “나에게 따뜻한 온도였던 한 사람”(「별꽃의 메아리」)이 살아나고, “어둠의 뿌리에서 침묵하던 이야기들”(「맑은 언어」)과 “어둠과 함께 보냈을 시간들”(「물음표 하나」)이 살아날 것이다.

이처럼 우리는 이종호 시인이 희원하는 어떤 간절함을 담은 시편들을 골라, 그 간절함을 가능케 하는 것이 그만의 기억의 원리라는 것을 밝힐 수 있었다. 이러한 방법은 언어 생성을 통해 존재 생성이 이루어지는 과정을 살피는 것과 같은 일이 된다. 말할 것도 없이, 이종호 시인의 기억은 서정시 창작의 제일의적 수원(水源)이 되고, 나아가 그로 하여금 자신의 경험적 구체성을 견지하게 해주면서 이제는 그러한 시간을 되돌릴 수 없다는 그리움까지 노래하게끔 한다. 그래서 우리는 그 어둑하고도 쓸쓸한 기억을 담고 있는 시편들을 가장 깊은 실감으로 읽게 된다. “그리운 것들은 늘 멀리 있다”(「행운의 열쇠」)지 않는가.

이종호 시인은 자연 사물을 삶의 어떤 깨달음을 가능케 하는 매재(媒材)로 비유하는 방식, 경험을 사물 안에 내재한 속성으로 간접화하는 방식, 내면을 직접 토로하는 것이 아니라 대상을 시의 표면으로 불러들여 그것들로 하여금 발화 주체가 되게 하는 방식 등을 지속적으로 취해간다. 그 안에는 자연 사물에 가득 차 있는 생명의 아름다움과 그것을 가장 근원적인 존재의 차원까지 끌어올리려는 시인의 의지와 상상력이 담겨 있다. 또한 그것은 인간의 욕망이 닿지 않은 순수 원형의 풍경을 만나려는 제의적(祭儀的) 과정이기도 하다. 그 풍경은 한결같이 근대적 삶의 효율성에 의해 서서히 사라져가고 있지만, 그 사라짐의 눈부심으로 하여 역설적으로 빛나는 것이다. 이들을 통해 우리는 인간과 자연 사물들이 이루고 있는 비대칭적 힘에 대하여 생각할 수 있는 계기들을 얻을 수 있을 것이다.

이제 우리는 이 영상 주도의 시대에 이종호 시인의 시집을 통해 인생론적 가치의 중요성과 더불어, 인생은 앞으로 나아가는 것이 아니라 끊임없이 서성대며 반추하는 것임을 알아가게 된다. 이종호 시편은 이같이 한 시대의 외곽성을 자임하면서 숨쉴 만함을 노래하는 세계이다. 서정시가 시간을 초월하면서 항구적 심미성을 가질 수 있는 것은 구체적 경험을 기초로 하면서도 이를 초월하는 형식과 결합할 수 있기 때문이다. 그 점에서, 이종호 시인이 보여주는 경험과 형식의 견고한 결합 양식은, 앞으로도 그가 훨씬 더 좋은 시편을 써갈 수 있는 중요한 자산이 될 것이다. 그 스스로 "타는 불꽃이 되어 눈에서 이글거리고 싶다"(「불꽃의 씨」)거나 "귀울림 외엔 아무것도 남지 않았다"(「겨울의 동쪽」)라고 하지 않았는가. 그래서 우리는 그 "타는 불꽃"과 "귀울림"으로, 이종호 시편이 근원적 세계에 대한 심미적 열망과 지향으로 더욱 충일해갈 것임을, 예감해보는 것이다.

시현실 시인선 006

시월의 국경

초판 1쇄 발행 | 2017년 7월 7일

지은이 | 이종호
발행인 | 원탁희
발행처 | 도서출판 예맥
등록번호 | 서울 바 02915
등록일 | 1999년 5월 21일

사서함 157-600 서울특별시 강서구 강서우체국 사서함 94호
157-930 서울특별시 강서구 강서로 68길 36 상가 206호
전화 02·2658·6465 010·4567·5585
E-mail ymbook@hanmail.net

10,000원
ISBN 978-89-91411-35-7 03810